KB091639

초등학생이 꼭 알아야 할 영단어 따라쓰기

어린이 따라 쓰기 시리즈 6

초등학생이 꼭 알아야 할 영단어 따라쓰기

지은이 장은주, 김정희
그린이 이화진
펴낸이 정규도
펴낸곳 (주)다락원

초판 발행 2016년 8월 5일
3쇄 발행 2021년 8월 9일

편집총괄 최운선
책임편집 박소영
디자인 김성희, 신원아

다락원 경기도 파주시 문발로 211
내용문의 (02)736-2031 내선 275
구입문의 (02)736-2031 내선 250~252
Fax (02)732-2037
출판등록 1977년 9월 16일 제406-2008-000007호

Copyright ⓒ 2016, 장은주 · 김정희

저자 및 출판사의 허락 없이 이 책의 일부 또는 전부를 무단 복제·전재·발췌할 수 없습니다. 구입 후 철회는 회사 내규에 부합하는 경우에 가능하므로 구입문의처에 문의하시기 바랍니다. 분실·파손 등에 따른 소비자 피해에 대해서는 공정거래위원회에서 고시한 소비자 분쟁 해결 기준에 따라 보상 가능합니다. 잘못된 책은 바꿔 드립니다.

값 10,000원

ISBN 978-89-277-4645-4 64740
       978-89-277-4627-0 64080(set)

http://www.darakwon.co.kr
다락원 홈페이지를 통해 인터넷 주문을 하시면 자세한 정보와 함께 다양한 혜택을 받으실 수 있습니다.

초등학생이
꼭 알아야 할
영단어
따라쓰기

장은주, 김정희 지음

다락원

"영어를 처음 배우는 학생이
이 책을 통해 영어 공부의 기초를 다지길 바랍니다."

한 아이의 엄마이자 초등학교 교사로서 아이들을 지켜볼 때, 안타까운 순간들이 많이 있었습니다. 특히 영어 학원에서 내준 숙제를 힘겹게 하는 모습을 자주 보고는 했습니다. 어려운 단어가 빼곡하게 적힌 단어장에서 눈을 떼지 못하고, 영단어를 노트에 빽빽하게 따라 쓰며 외우기에 여념이 없었습니다. 그런데 열심히 숙제를 해도 "There is a mirror in the bathroom."과 같은 간단한 문장도 정확하게 쓰지 못하는 아이들이 훨씬 많았습니다.

무조건 영어 학원에 다니고, 어려운 단어를 많이 외워야만 영어 공부를 잘하는 것은 아닙니다. 튼튼한 집을 짓기 위해서는 기초를 잘 다져야 하는 것처럼, 영어 공부도 먼저 기초를 튼튼하게 세워야 합니다.

이 책은 영어를 처음 배우는 학생에게 도움이 되고자, 교육부에서 권장하는 어휘 중에서 초등학생이 꼭 알아야 할 300단어를 꼼꼼하게 뽑았습니다. 1주에 20단어씩 공부하면 15주 동안 300단어를 완성할 수 있습니다. 재미있는 그림을 보고, 원어민의 발음을 들으며 영단어를 익히고, 반복해서 따라 쓰면 영단어를 쉽게 외울 수 있습니다. 또한, 금요일에 받아쓰기와 단어 맞추기 문제를 두어 한 번 더 정리할 수 있게 구성하였습니다.

"뿌리 깊은 나무는 가뭄을 안 탄다."라는 속담이 있습니다. 땅속 깊은 곳에 뿌리를 내린 나무는 가뭄을 타지 않아, 말라 죽는 일이 없다는 뜻입니다. 무엇이든지 기초가 깊고 튼튼하면, 어떠한 시련에도 흔들리지 않습니다. 영어를 처음 배우는 학생이 이 책을 통해 영어 공부의 기초를 다지길 바랍니다.

지은이 장은주, 김정희

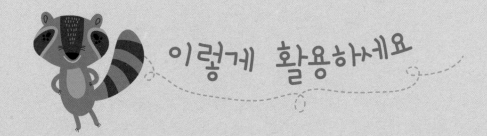

이렇게 활용하세요

9

✿ 보고, 듣고, 말하며 익혀요

이번 주에 배울 영단어를
그림으로 먼저 살펴보세요.
원어민의 발음을 듣고,
따라 말하면 자연스럽게
영단어를 익힐 수 있어요.

✿ 따라 쓰며 외워요

하루에 5단어씩 바르게 따라
쓰면서 알파벳과 단어의 뜻을
외워 보세요. 공부한 단어는
다양한 문제를 통해 머릿속에
한 번 더 정리하세요.

✿ 금요일은 복습하는 날!

금요일에 4일 동안 배운
20단어를 복습하세요. 영단어
받아쓰기와 단어 맞추기 문제
로 한 주의 학습을 확실하게
마무리할 수 있어요.

차례

week 01 **Animal** 동물 ·········· 8

week 02 **Body part** 신체 ·········· 16

week 03 **Calendar** 달력 ·········· 24

week 04 **Color & Clothes** 색깔과 옷 ·········· 32

week 05 **Family** 가족 ·········· 40

week 06 **Food** 음식 ·········· 48

week 07 **Friend & Feeling** 친구와 감정 ·········· 56

week 08 **House** 집 ·········· 64

week 09 Number 숫자 ⸻⸻⸻⸻ 72

week 10 School 학교 ⸻⸻⸻⸻ 80

week 11 Shopping 쇼핑 ⸻⸻⸻⸻ 88

week 12 Sport & Hobby 운동과 취미 ⸻⸻⸻ 96

week 13 Town 마을 ⸻⸻⸻⸻ 104

week 14 Travel 여행 ⸻⸻⸻⸻ 112

week 15 Weather & Season 날씨와 계절 ⸻ 120

정답 ⸻⸻⸻⸻ 128

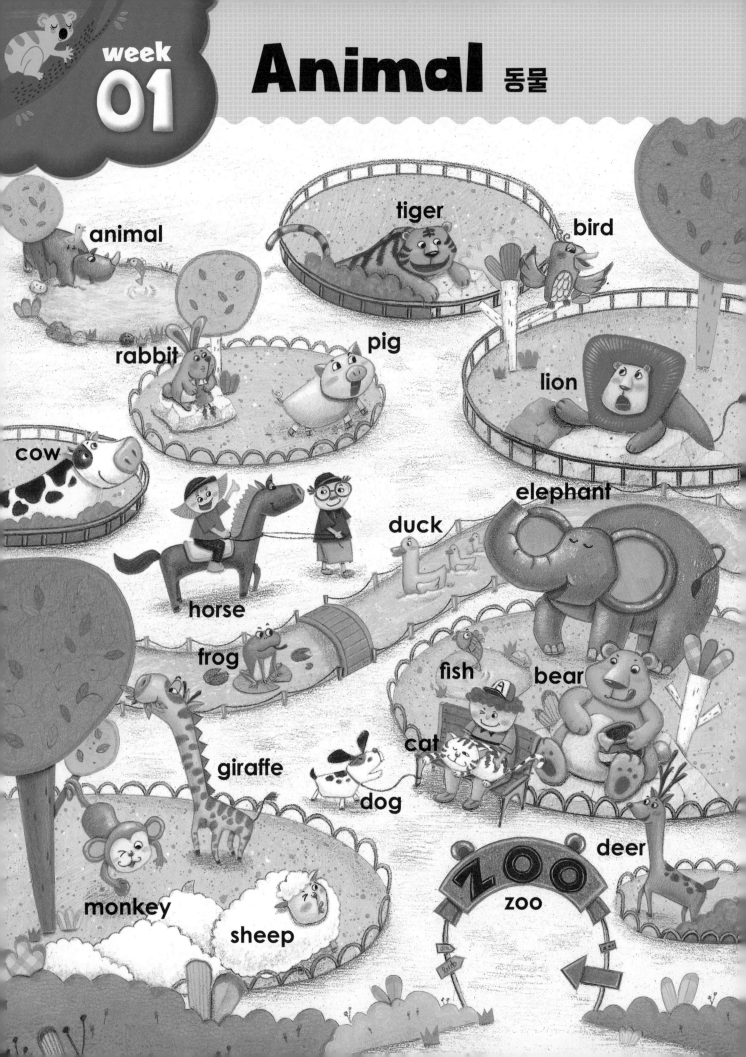

 이번 주에 배울 영단어를 듣고 따라 말해 보세요.

animal

bear

bird

cat

cow

deer

dog

duck

elephant

fish

frog

giraffe

horse

lion

monkey

pig

rabbit

sheep

tiger

zoo

월 Monday

 단어를 바르게 따라 써 보세요.

animal 동물	animal
bear 곰	bear
bird 새	bird
cat 고양이	cat
cow 암소, 젖소	cow

 빈칸을 채워서 단어를 완성해 보세요.

① a　　mal　　② b　a　　　③　　ir

④ c　t　　　　⑤ c　w

화 Tuesday

 단어를 바르게 따라 써 보세요.

deer
사슴

deer

dog
개

dog

duck
오리

duck

elephant
코끼리

elephant

fish
물고기

fish

 다음 사진을 보고 알맞은 단어를 써 보세요.

①

②

③

 단어를 바르게 따라 써 보세요.

frog
개구리

frog

giraffe
기린

giraffe

horse
말

horse

lion
사자

lion

monkey
원숭이

monkey

 빈칸에 알맞은 단어를 써 보세요.

① **a big** | | | |

큰 개구리

② **I like** | | | | | | | .

나는 기린을 좋아해요.

목 Thursday

 단어를 바르게 따라 써 보세요.

pig
돼지

pig

rabbit
토끼

rabbit

sheep
양

sheep

tiger
호랑이

tiger

zoo
동물원

zoo

다음 알파벳을 순서대로 배열해 단어를 완성해 보세요.

① **btbira** →

② **ephse** →

③ **regti** →

금 Friday

🐿️ 영단어를 듣고 받아써 보세요. 🎧 Track 02

1 _____

2 _____

3 _____

4 _____

5 _____

6 _____

7 _____

8 _____

9 _____

10 _____

🌼 틀린 단어를 써 보세요.

 다음 단어를 모두 찾아 동그라미해 보세요.

w	o	c	g	e	o	e	m	o	n	k	e	y
h	a	n	i	m	a	l	p	g	d	r	r	d
o	s	o	r	a	b	b	i	t	e	o	e	u
a	o	i	a	l	i	p	e	e	h	s	g	c
z	t	l	f	i	r	e	d	a	r	o	i	k
a	h	t	f	t	d	k	g	o	r	f	t	s
i	e	k	e	l	e	p	h	a	n	t	a	c

animal	bear	bird	cat	cow
deer	dog	duck	elephant	fish
frog	giraffe	horse	lion	monkey
pig	rabbit	sheep	tiger	zoo

Body part 신체

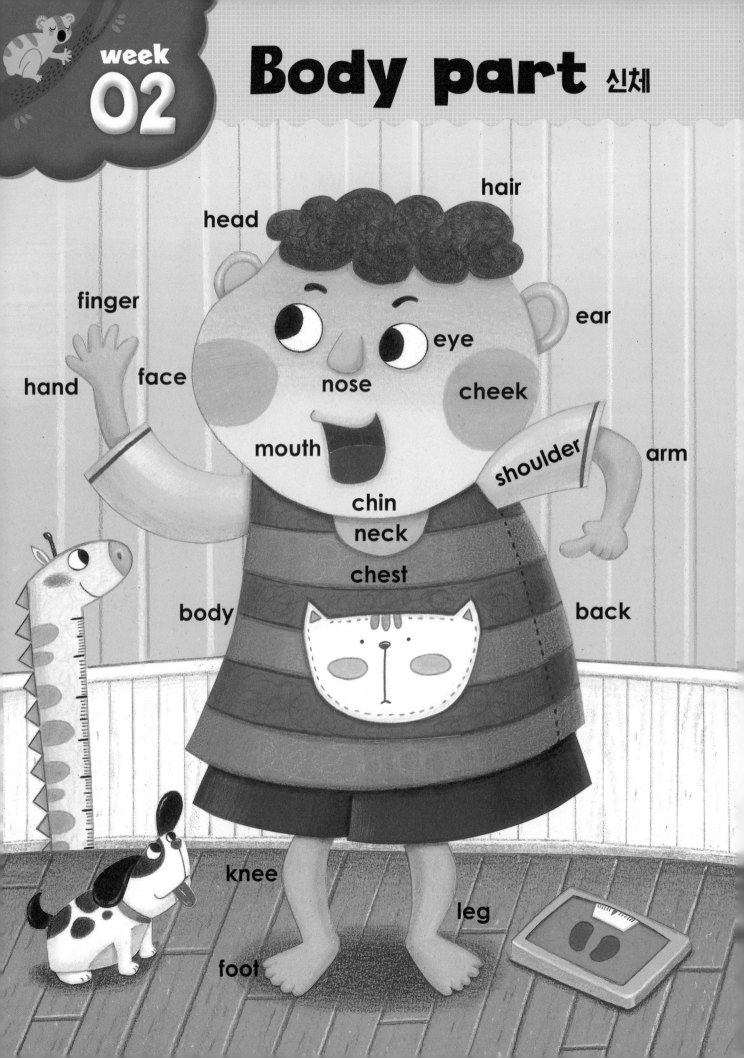

hair
head
finger
ear
eye
hand
face
nose
cheek
mouth
shoulder
arm
chin
neck
chest
body
back
knee
leg
foot

 이번 주에 배울 영단어를 듣고 따라 말해 보세요.

body

head

hair

face

eye

nose

cheek

ear

mouth

chin

neck

shoulder

arm

hand

finger

chest

back

leg

knee

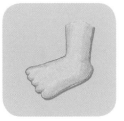
foot

 단어를 바르게 따라 써 보세요.

body
몸

body

head
머리

head

hair
머리카락

hair

face
얼굴

face

eye
눈

eye

 빈칸을 채워서 단어를 완성해 보세요.

① b　　y　　② he　　d　　③ 　　a　　r

④ f　　c　　⑤ e

 단어를 바르게 따라 써 보세요.

nose 코	nose
cheek 볼, 뺨	cheek
ear 귀	ear
mouth 입	mouth
chin 턱	chin

 다음 사진을 보고 알맞은 단어를 써 보세요.

①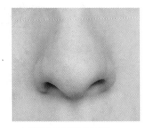

②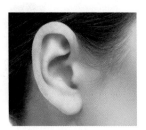

③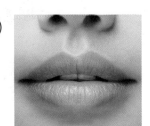

 단어를 바르게 따라 써 보세요.

neck
목

neck

shoulder
어깨

shoulder

arm
팔

arm

hand
손

hand

finger
손가락

finger

 다음 그림의 아이가 손으로 가리키는 곳을 써 보세요.

①

②

③

단어를 바르게 따라 써 보세요.

chest
가슴

chest

back
등

back

leg
다리

leg

knee
무릎

knee

foot
발

foot

영단어와 단어의 뜻을 선으로 연결해 보세요.

① **chest** •   • 무릎

② **back** •   • 다리

③ **leg** •   • 등

④ **knee** •   • 가슴

금 Friday

 영단어를 듣고 받아써 보세요. Track 04

1

6

2

7

3

8

4

9

5

10

틀린 단어를 써 보세요.

빈칸에 알맞은 단어를 넣어 퍼즐을 완성해 보세요.

1 e

2 **3** **4** **5**

6 f

7 **8**

9

10

11

12 **13**

14 **15** **16** c

17

세로 힌트

1 귀
3 입
5 턱
6 손가락
8 어깨
11 얼굴
15 무릎
16 가슴

가로 힌트

2 팔   **4** 등   **7** 코
9 손   **10** 몸   **12** 머리카락
13 다리   **14** 목   **16** 볼, 뺨
17 눈

23

week 03

Calendar 달력

1 January

SUN	MON	TUE	WED	THU	FRI	SAT
					1	2
3	4	5	6	7	8	9
10	11	12	13	14	15	16
17	18	19	20	21		
24/31	25	26	27	28		

Sunday

2 February

SUN	MON	TUE	WED	THU	FRI	SAT
	1	2	3	4	5	6
7	8	9	10	11	12	13
14	15	16	17	18	19	20
21	22	23	24	25	26	27
28	29					

Monday

3 March

SUN	MON	TUE	WED	THU	FRI	SAT
		1	2	3	4	5
6	7	8	9	10	11	12
13	14	15	16	17	18	19
20	21	22	23	24	25	
27	28	29	30	31		

Tuesday

4 April

SUN	MON	TUE	WED	THU	FRI	SAT
					1	2
3	4	5	6	7	8	9
	12	13	14	15	16	
	19	20	21	22	23	
	26	27	28	29	30	

5 May

SUN	MON	TUE	WED	THU	FRI	SAT
1	2	3	4	5	6	7
8	9	10	11	12	13	14
15	16	17	18	19		
22	23	24	25	26		
29	30	31				

6 June

SUN	MON	TUE	WED	THU	FRI	SAT
			1	2	3	4
5	6	7	8	9	10	11
12	13	14	15	16	17	18
19	20	21	22	23	24	25
26	27	28	29	30		

Wednesday

7 July

SUN	MON	TUE	WED	THU	FRI	SAT
					1	2
3	4	5	6	7	8	9
10	11	12	13	14	15	16
17	18	19	20	21	22	23
24/31	25	26	27	28	29	30

Thursday

8 August

SUN	MON	TUE	WED	THU	FRI	SAT
	1	2	3	4	5	6
7	8	9	10	11	12	13
14	15	16	17	18	19	20
21	22	23	24	25	26	27
28	29	30	31			

Friday
weekend

9 September

SUN	MON	TUE	WED	THU	FRI	SAT
				1	2	3
4	5	6	7	8	9	10
11	12	13	14	15	16	17
18	19	20	21	22	23	24
25	26	27	28	29	30	

Saturday

10 October

SUN	MON	TUE	WED	THU	FRI	SAT
						1
2	3	4	5	6	7	8
9	10	11	12	13	14	15
16	17	18	19	20	21	22
23/30	24/31	25	26	27	28	

11 November

SUN	MON	TUE	WED	THU	FRI	SAT
		1	2	3	4	5
6	7	8	9	10	11	12
13	14	15	16	17	18	19
20	21	22	23	24	25	26
27	28	29	30			

12 December

SUN	MON	TUE	WED	THU	FRI	SAT
				1	2	3
4	5	6	7	8	9	10
	13	14	15	16		
	20	21	22	23		
	26	27	28	29		

 이번 주에 배울 영단어를 듣고 따라 말해 보세요. Track 05

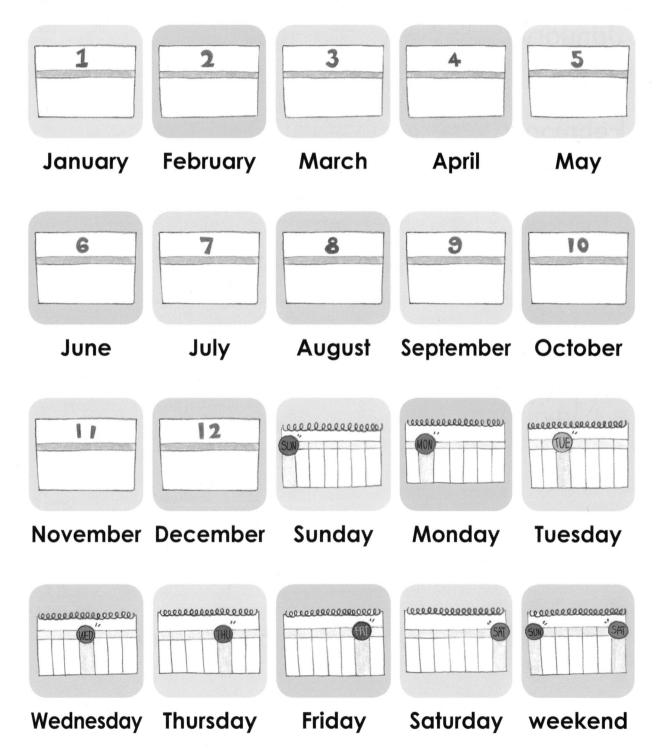

1	2	3	4	5
January	**February**	**March**	**April**	**May**

6	7	8	9	10
June	**July**	**August**	**September**	**October**

11	12	SUN	MON	TUE
November	**December**	**Sunday**	**Monday**	**Tuesday**

WED	THU	FRI	SAT	SUN SAT
Wednesday	**Thursday**	**Friday**	**Saturday**	**weekend**

 단어를 바르게 따라 써 보세요.

January 1월	January
February 2월	February
March 3월	March
April 4월	April
May 5월	May

 빈칸을 채워서 단어를 완성해 보세요.

① Ja███████ry   ② F███b███ary

③ Ma███████h   ④ A███████il   ⑤ M███y

화 Tuesday

 단어를 바르게 따라 써 보세요.

June
6월

June

July
7월

July

August
8월

August

September
9월

September

October
10월

October

 영단어와 단어의 뜻을 선으로 연결해 보세요.

① **June** •   • 9월

② **July** •   • 8월

③ **August** •   • 6월

④ **September** •   • 7월

 단어를 바르게 따라 써 보세요.

November
11월

November

December
12월

December

Sunday
일요일

Sunday

Monday
월요일

Monday

Tuesday
화요일

Tuesday

 다음 알파벳을 순서대로 배열해 단어를 완성해 보세요.

① **berNovem** →

② **Sdayun** →

③ **esTuyad** →

단어를 바르게 따라 써 보세요.

Wednesday 수요일	Wednesday
Thursday 목요일	Thursday
Friday 금요일	Friday
Saturday 토요일	Saturday
weekend 주말	weekend

빈칸에 알맞은 단어를 써 보세요.

① I like ☐☐☐☐☐☐☐☐.

나는 **토요일**을 좋아해요.

② Happy ☐☐☐☐☐☐☐

행복한 **주말**

금 Friday

영단어를 듣고 받아써 보세요. Track 06

1

2

3

4

5

6

7

8

9

10

 틀린 단어를 써 보세요.

 다음 알파벳을 순서대로 배열하여, 빈칸에 단어를 완성하세요.

rachM ☐☐☐☐☐
1

rAipl ☐☐☐☐☐
5

yMa M a y

nuJe ☐☐☐☐
6

uylJ ☐☐☐☐

sAugut ☐☐☐☐☐☐

ardiyF ☐☐☐☐☐☐

naudyS ☐☐☐☐☐☐
4

noyMad ☐☐☐☐☐☐
9

dasueTy ☐☐☐☐☐☐☐

anuyrJa ☐☐☐☐☐☐☐

rFuaebry ☐☐☐☐☐☐☐☐

Seebetpmr ☐☐☐☐☐☐☐☐☐

tOrcebo ☐☐☐☐☐☐☐
3

bemNorev ☐☐☐☐☐☐☐☐
7

cemreDbe ☐☐☐☐☐☐☐☐
8

dendyesaW ☐☐☐☐☐☐☐☐☐

Tudryahs ☐☐☐☐☐☐☐☐
10

ySraatud ☐☐☐☐☐☐☐☐
2

dnweeek ☐☐☐☐☐☐☐

각 번호에 맞는 알파벳을 채워 넣어, 빈칸을 완성하세요.

☐☐ ☐☐☐☐☐☐☐☐
1 2   3 4 5 6 7 8 9 10

week 04

Color & Clothes
색깔과 옷

clothes

cap

hat

purple

blue

green

gloves

wear

white

belt

gray

yellow

pink

skirt

pants

socks

red

shoes

brown

black

 이번 주에 배울 영단어를 듣고 따라 말해 보세요.

black

blue

brown

gray

green

pink

purple

red

white

yellow

clothes

belt

cap

gloves

hat

pants

shoes

skirt

socks

wear

 단어를 바르게 따라 써 보세요.

black
검은색

black

blue
파란색

blue

brown
갈색

brown

gray
회색

gray

green
초록색

green

 다음 사진을 보고 알맞은 단어를 써 보세요.

①

②

③

 단어를 바르게 따라 써 보세요.

pink 분홍색	pink

purple 보라색	purple

red 빨간색	red

white 흰색	white

yellow 노란색	yellow

 영단어와 단어의 뜻을 선으로 연결해 보세요.

① pink •　　　　　　　• 노란색

② purple •　　　　　　• 보라색

③ white •　　　　　　• 분홍색

④ yellow •　　　　　　• 흰색

 단어를 바르게 따라 써 보세요.

clothes
옷

clothes

belt
허리띠

belt

cap
(앞에 챙이 달린) 모자

cap

gloves
장갑

gloves

hat
모자

hat

 다음 알파벳을 순서대로 배열해 단어를 완성해 보세요.

① **tholcse** →

② **btel** →

③ **glevos** →

 단어를 바르게 따라 써 보세요.

pants
바지

pants

shoes
신발

shoes

skirt
치마

skirt

socks
양말

socks

wear
(옷·모자 등을) 입다

wear

 다음 그림에 알맞은 색깔을 칠해 보세요.

①

②

③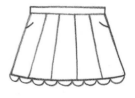

blue pants   **brown shoes**   **pink skirt**

금 Friday

 영단어를 듣고 받아써 보세요. Track 08

1

2

3

4

5

6

7

8

9

10

🌼 틀린 단어를 써 보세요.

다음 단어를 모두 찾아 동그라미해 보세요.

s	s	s	k	i	r	t	a	w	e	a	r	c
t	k	t	e	n	a	k	h	l	e	e	s	g
e	c	n	l	h	i	i	c	n	d	e	h	r
a	o	a	e	e	t	p	w	a	v	u	o	a
e	s	p	p	e	b	o	w	o	l	l	e	y
w	k	h	p	u	r	p	l	e	l	b	s	k
e	i	s	g	b	s	g	o	c	r	i	n	h

black	blue	brown	gray	green
pink	purple	red	white	yellow
clothes	belt	cap	gloves	hat
pants	shoes	skirt	socks	wear

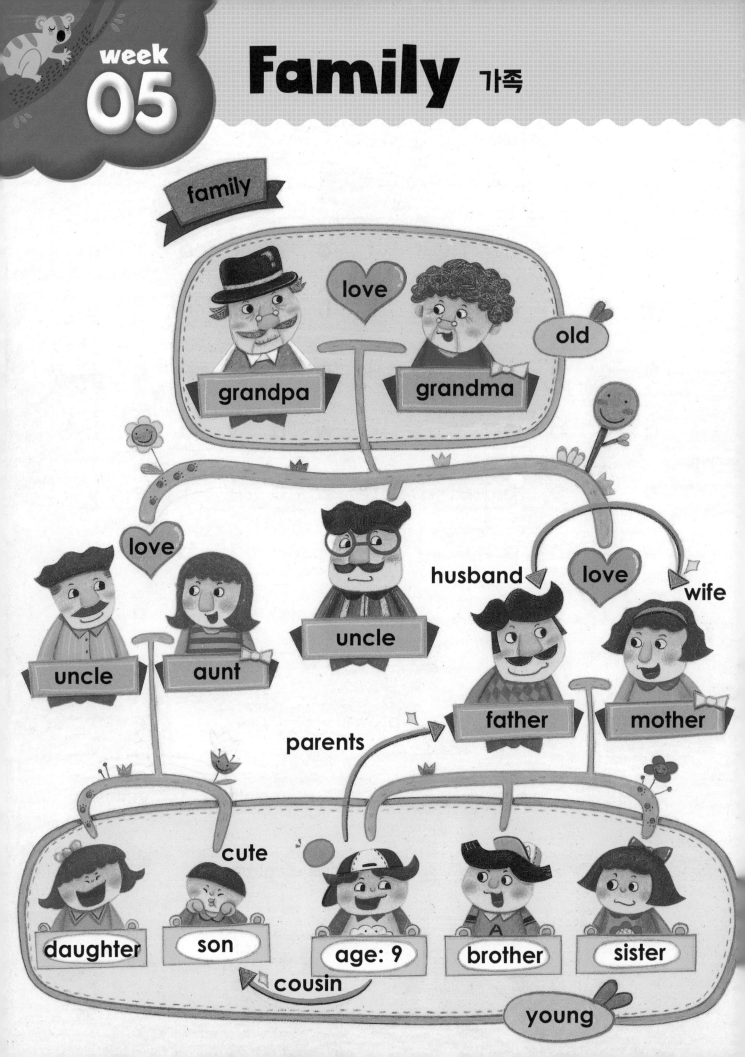

 이번 주에 배울 영단어를 듣고 따라 말해 보세요.

family

grandpa

grandma

father

mother

uncle

aunt

cousin

husband

wife

parents

son

daughter

brother

sister

love

age

old

young

cute

 단어를 바르게 따라 써 보세요.

family 가족	family

grandpa 할아버지	grandpa

grandma 할머니	grandma

father 아버지	father

mother 어머니	mother

 빈칸을 채워서 단어를 완성해 보세요.

① f ▩ m ▩ l ▩

② g ▩ ▩ n ▩ pa

③ ▩ r ▩ ndm ▩

④ ▩ a ▩ er

⑤ m ▩ th ▩ ▩

화 Tuesday

 단어를 바르게 따라 써 보세요.

uncle
삼촌
uncle

aunt
고모, 이모
aunt

cousin
사촌
cousin

husband
남편
husband

wife
아내
wife

 영단어와 단어의 뜻을 선으로 연결해 보세요.

① uncle ● ● 삼촌

② wife ● ● 남편

③ aunt ● ● 고모, 이모

④ husband ● ● 아내

 단어를 바르게 따라 써 보세요.

parents 부모님	parents

son 아들	son

daughter 딸	daughter

brother 남자 형제	brother

sister 여자 형제	sister

 다음 사진을 보고 알맞은 단어를 써 보세요.

①

②

③

목 Thursday

단어를 바르게 따라 써 보세요.

love
사랑하다

love

age
나이

age

old
늙은, 나이 많은

old

young
젊은, 어린

young

cute
귀여운

cute

다음 알파벳을 순서대로 배열해 단어를 완성해 보세요.

① **ega** →

② **odl** →

③ **gunyo** →

금 Friday

영단어를 듣고 받아써 보세요. Track 10

1

2

3

4

5

6

7

8

9

10

틀린 단어를 써 보세요.

 빈칸에 알맞은 단어를 넣어 퍼즐을 완성해 보세요.

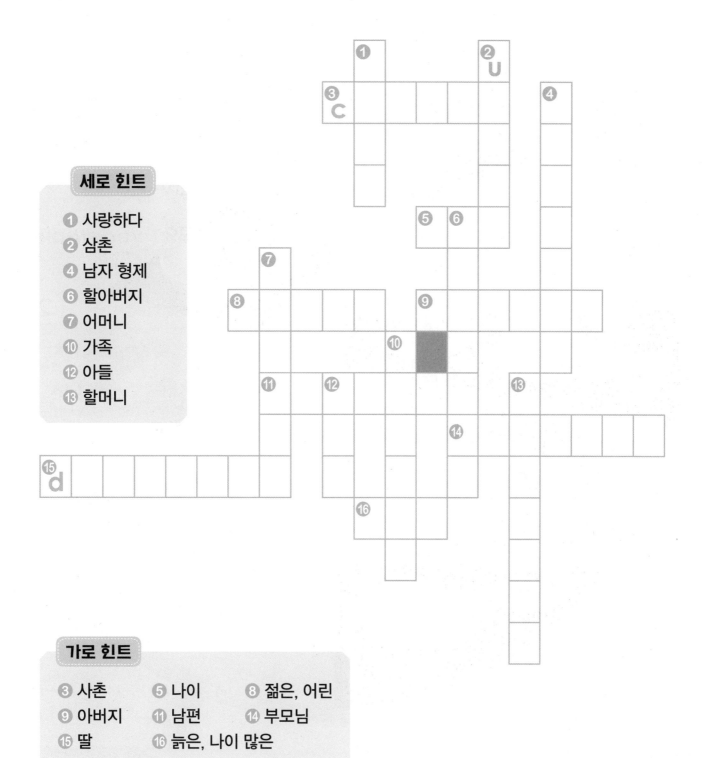

세로 힌트

① 사랑하다
② 삼촌
④ 남자 형제
⑥ 할아버지
⑦ 어머니
⑩ 가족
⑫ 아들
⑬ 할머니

가로 힌트

③ 사촌 ⑤ 나이 ⑧ 젊은, 어린
⑨ 아버지 ⑪ 남편 ⑭ 부모님
⑮ 딸 ⑯ 늙은, 나이 많은

week 06   Food 음식

lunch

breakfast

drink

milk

apple

bread

8

hungry

egg   vegetable

beef

12

2

cookie

tea

water

dinner   eat

6

full

dish

spoon

food

chicken

 이번 주에 배울 영단어를 듣고 따라 말해 보세요.

food

breakfast

lunch

dinner

apple

bread

cookie

vegetable

eat

drink

milk

tea

water

full

hungry

beef

chicken

egg

dish

spoon

 단어를 바르게 따라 써 보세요.

food
음식

food

breakfast
아침 식사

breakfast

lunch
점심 식사

lunch

dinner
저녁 식사

dinner

apple
사과

apple

 다음 그림을 보고 알맞은 단어를 써 보세요.

①

②

③

 단어를 바르게 따라 써 보세요.

bread
빵

bread

cookie
쿠키

cookie

vegetable
야채

vegetable

eat
먹다

eat

drink
마시다

drink

다음 알파벳을 순서대로 배열해 단어를 완성해 보세요.

① **dabre** →

② **taveeegbl** →

③ **kdnir** →

 단어를 바르게 따라 써 보세요.

milk 우유	milk
tea 차	tea
water 물	water
full 배부른	full
hungry 배고픈	hungry

빈칸에 알맞은 단어를 써 보세요.

① Drink [　][　][　][　][　] ! 물을 마셔라!

② I am [　][　][　][　] . 나는 배불러요.

③ I am [　][　][　][　][　][　] . 나는 배고파요.

52

목 Thursday

 단어를 바르게 따라 써 보세요.

beef
쇠고기

beef

chicken
닭고기

chicken

egg
달걀

egg

dish
접시

dish

spoon
숟가락

spoon

  다음 사진을 보고 알맞은 단어를 써 보세요.

①

②

③

금 Friday

🐚 영단어를 듣고 받아써 보세요. 🎧 Track 12

① _____

② _____

③ _____

④ _____

⑤ _____

⑥ _____

⑦ _____

⑧ _____

⑨ _____

⑩ _____

✿ 틀린 단어를 써 보세요.

다음 알파벳을 순서대로 배열하여, 빈칸에 단어를 완성하세요.

fdoo ☐☐☐☐

fakteasrb ☐☐☐☐☐☐☐☐☐
                    4

luhnc ☐☐☐☐☐
              6

getveblea ☐☐☐☐☐☐☐☐☐
                  11

rikdn ☐☐☐☐☐
                10

rndien ☐☐☐☐☐☐
              12

pepla ☐☐☐☐☐
          2

koecio ☐☐☐☐☐☐
              1

retaw ☐☐☐☐☐
          5

lulf ☐☐☐☐

badre ☐☐☐☐☐

eta | t | e | a |

kiml ☐☐☐☐
      8

eebf ☐☐☐☐

geg ☐☐☐

sidh ☐☐☐☐
        3

rygnuh ☐☐☐☐☐☐
          7

cckenhi ☐☐☐☐☐☐☐
              9

tae ☐☐☐

nospo ☐☐☐☐☐

각 번호에 맞는 알파벳을 채워 넣어, 빈칸을 완성하세요.

☐   ☐☐☐☐   ☐☐☐☐☐☐☐
1   2 3 4 5   6 7 8 9 10 11 12

week 07

Friend & Feeling
친구와 감정

loud

happy

hate

fight

sad

answer

ask

party

great

smile

laugh

sit

interesting

help

stand

cry

heavy

angry

scared

 이번 주에 배울 영단어를 듣고 따라 말해 보세요.

friend

ask

answer

cry

fight

hate

heavy

help

laugh

loud

party

sit

stand

smile

angry

great

happy

interesting

sad

scared

 단어를 바르게 따라 써 보세요.

friend
친구

friend

ask
묻다

ask

answer
대답하다

answer

cry
울다

cry

fight
싸우다

fight

 빈칸에 들어갈 알파벳을 순서대로 연결하여 단어를 만들어 보세요.

fig■t   ■■swer   frien■

→ ■■■■

 단어를 바르게 따라 써 보세요.

hate 싫어하다	hate
heavy 무거운	heavy
help 돕다	help
laugh (소리 내어) 웃다	laugh
loud 시끄러운	loud

 빈칸을 채워서 단어를 완성해 보세요.

① h ▨ t ▨   ② ▨ e ▨ vy   ③ he ▨ p

④ la ▨ ▨ h   ⑤ ▨ o ▨ d

 단어를 바르게 따라 써 보세요.

| party 모임 | party |

| sit 앉다 | sit |

| stand 서다 | stand |

| smile 웃다, 미소 짓다 | smile |

| angry 화난 | angry |

 영단어와 단어의 뜻을 선으로 연결해 보세요.

① sit •   • 웃다, 미소 짓다

② stand •   • 화난

③ smile •   • 앉다

④ angry •   • 서다

 단어를 바르게 따라 써 보세요.

great
대단한

great

happy
행복한

happy

interesting
재미있는, 흥미로운

interesting

sad
슬픈

sad

scared
무서워하는

scared

 다음 그림에 알맞은 표정을 그려 보세요.

①

happy

②

sad

③

scared

금 Friday

영단어를 듣고 받아써 보세요. Track 14

1 _____

2 _____

3 _____

4 _____

5 _____

6 _____

7 _____

8 _____

9 _____

10 _____

틀린 단어를 써 보세요.

 다음 단어를 모두 찾아 동그라미해 보세요.

h	l	s	i	t	n	v	x	q	p	v	p	t	t	q	c
k	o	f	m	u	f	b	f	a	s	d	c	l	b	g	r
l	h	d	w	y	n	i	r	c	n	z	b	o	k	i	y
a	e	q	w	g	g	t	a	e	r	g	e	r	z	l	c
u	x	v	y	h	y	r	i	c	l	o	r	h	n	m	b
g	n	i	t	s	e	r	e	t	n	i	l	y	u	d	h
h	l	o	u	d	f	a	f	w	z	z	m	l	a	a	t
o	o	h	a	j	x	b	v	j	s	n	f	s	t	y	n
b	h	g	s	t	a	n	d	y	n	n	a	e	x	x	l
b	d	k	k	h	g	p	p	l	e	h	a	p	p	y	w

friend	ask	answer	cry	fight
hate	heavy	help	laugh	loud
party	sit	stand	smile	angry
great	happy	interesting	sad	scared

House 집

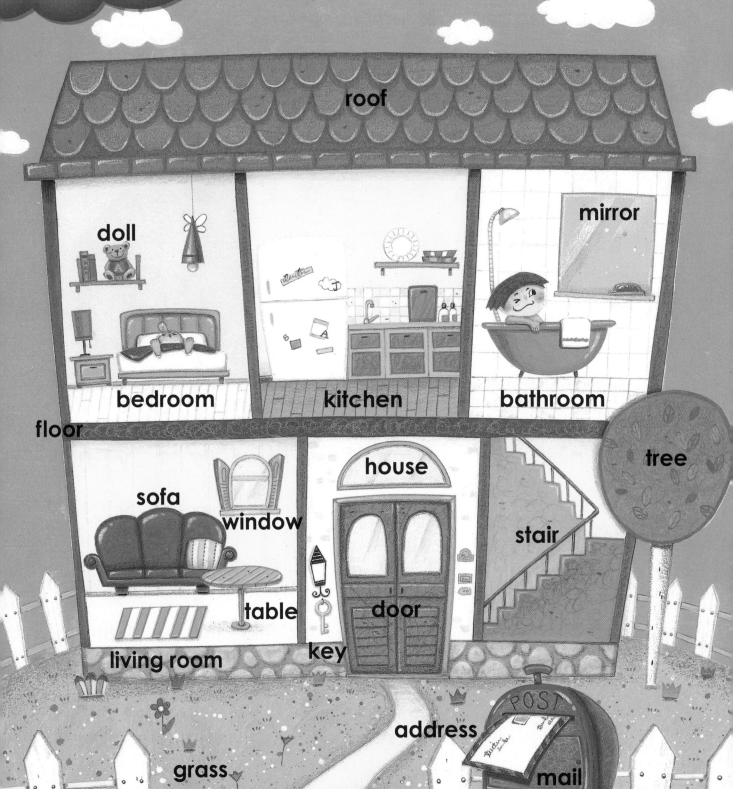

roof

doll

mirror

bedroom

kitchen

bathroom

floor

tree

sofa

house

window

stair

table

door

key

living room

tree

address

grass

mail

garden

 이번 주에 배울 영단어를 듣고 따라 말해 보세요. Track 15

house

roof

bedroom

doll

kitchen

bathroom

mirror

floor

living room

table

sofa

window

door

key

stair

mail

address

grass

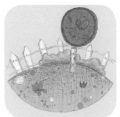
garden

tree

 단어를 바르게 따라 써 보세요.

house 집	house
roof 지붕	roof
bedroom 침실	bedroom
doll 인형	doll
kitchen 부엌	kitchen

 빈칸을 채워서 단어를 완성해 보세요.

① h ██ se   ② r ██ f

③ ██ e ██ room   ④ do ██ ██

⑤ ki ██ c ██ en

 단어를 바르게 따라 써 보세요.

bathroom
욕실

bathroom

mirror
거울

mirror

floor
바닥, 층

floor

living room
거실

living room

table
탁자

table

 서로 관련 있는 것끼리 선으로 연결해 보세요.

①

②

③

bathroom

mirror

living room

 단어를 바르게 따라 써 보세요.

sofa 소파	sofa
window 창문	window
door 문	door
key 열쇠	key
stair 계단	stair

 다음 사진을 보고 알맞은 단어를 써 보세요.

①

②

③

단어를 바르게 따라 써 보세요.

mail
우편물

mail

address
주소

address

grass
풀

grass

garden
정원

garden

tree
나무

tree

다음 알파벳을 순서대로 배열해 단어를 완성해 보세요.

① sdseard → _____

② gsasr → _____

③ radnge → _____

금 Friday

영단어를 듣고 받아써 보세요. Track 16

① _____

② _____

③ _____

④ _____

⑤ _____

⑥ _____

⑦ _____

⑧ _____

⑨ _____

⑩ _____

틀린 단어를 써 보세요.

 빈칸에 알맞은 단어를 넣어 퍼즐을 완성해 보세요.

71

세로 힌트

① 부엌
② 지붕
④ 거실
⑤ 주소
⑨ 인형
⑩ 탁자
⑫ 계단

가로 힌트

① 열쇠　③ 욕실　⑥ 창문
⑦ 정원　⑧ 거울　⑨ 문
⑪ 풀　⑬ 소파　⑭ 우편물
⑮ 바닥, 층　⑯ 나무

Number 숫자

clock

twelve
eleven
one
two
ten
three
nine
four
eight
zero
seven
five
six
hundred
first
third
last
second

 이번 주에 배울 영단어를 듣고 따라 말해 보세요.

number

one

two

three

four

five

six

seven

eight

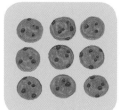

nine

ten

eleven

twelve

clock

zero

first

second

third

last

hundred

73

 단어를 바르게 따라 써 보세요.

number 숫자	number
one 하나, 1	one
two 둘, 2	two
three 셋, 3	three
four 넷, 4	four

 다음 알파벳을 순서대로 배열해 단어를 완성해 보세요.

① **mebrun** → _____

② **neo** → _____

③ **wot** → _____

 단어를 바르게 따라 써 보세요.

five 다섯, 5	five
six 여섯, 6	six
seven 일곱, 7	seven
eight 여덟, 8	eight
nine 아홉, 9	nine

 빈칸에 알맞은 단어를 써 보세요.

① one + four =

② two + four =

③ ⬛⬛⬛ – three = four

75

 단어를 바르게 따라 써 보세요.

ten 열, 10	ten
eleven 열하나, 11	eleven
twelve 열둘, 12	twelve
clock 시계	clock
zero 영, 0	zero

 다음 그림을 보고 알맞은 단어를 써 보세요.

①

②

③

 단어를 바르게 따라 써 보세요.

first
첫째의

first

second
둘째의

second

third
셋째의

third

last
마지막의

last

hundred
백, 100

hundred

빈칸을 채워서 단어를 완성해 보세요.

① f ▨ ▨ st   ② se ▨ o ▨ d

③ ▨ ▨ ird   ④ ▨ a ▨ t

⑤ h ▨ nd ▨ ▨ ▨

금 Friday

영단어를 듣고 받아써 보세요. 🎧 Track 18

1 _____

2 _____

3 _____

4 _____

5 _____

6 _____

7 _____

8 _____

9 _____

10 _____

틀린 단어를 써 보세요.

 다음 알파벳을 순서대로 배열하여, 빈칸에 단어를 완성하세요.

mebnur
⬚⬚⬚⬚⬚⬚
　　　3　4

net
⬚⬚⬚

neo
o n e
　　5

eenelv
⬚⬚⬚⬚⬚⬚

tow
⬚⬚⬚

levwet
⬚⬚⬚⬚⬚⬚

reeth
⬚⬚⬚⬚⬚
　　6

okccl
⬚⬚⬚⬚⬚
　　7

fuor
⬚⬚⬚⬚

erzo
⬚⬚⬚⬚

veif
⬚⬚⬚⬚
　　9

firts
⬚⬚⬚⬚⬚

xis
⬚⬚⬚

ceonds
⬚⬚⬚⬚⬚⬚
　　　8

evsen
⬚⬚⬚⬚⬚
　　1

dihrt
⬚⬚⬚⬚⬚

geiht
⬚⬚⬚⬚⬚

salt
⬚⬚⬚⬚

nein
⬚⬚⬚⬚

rendudh
⬚⬚⬚⬚⬚⬚⬚
　　2

각 번호에 맞는 알파벳을 채워 넣어, 빈칸을 완성하세요.

⬚⬚⬚⬚⬚⬚　⬚⬚⬚
1　2　3　4　5　6　　7　8　9

 이번 주에 배울 영단어를 듣고 따라 말해 보세요.

school

teacher

student

group

study

read

listen

write

learn

question

glue

book

pencil

ruler

eraser

bag

blackboard

chair

desk

classroom

 단어를 바르게 따라 써 보세요.

| school | school |
| 학교 | |

| teacher | teacher |
| 선생님 | |

| student | student |
| 학생 | |

| group | group |
| 무리, 그룹 | |

| study | study |
| 공부하다 | |

 영단어와 단어의 뜻을 선으로 연결해 보세요.

① group •　　　　　　　• 선생님

② study •　　　　　　　• 학생

③ student •　　　　　　　• 무리, 그룹

④ teacher •　　　　　　　• 공부하다

화 Tuesday

 단어를 바르게 따라 써 보세요.

read
읽다

read

listen
듣다

listen

write
쓰다

write

learn
배우다

learn

question
질문

question

 다음 사진을 보고 알맞은 단어를 써 보세요.

①

②

③

 단어를 바르게 따라 써 보세요.

glue
풀

glue

book
책

book

pencil
연필

pencil

ruler
자

ruler

eraser
지우개

eraser

 다음 그림을 보고 알맞은 단어를 써 보세요.

① ② ③ ④ ⑤

단어를 바르게 따라 써 보세요.

bag
가방

bag

blackboard
칠판

blackboard

chair
의자

chair

desk
책상

desk

classroom
교실

classroom

빈칸을 채워서 단어를 완성해 보세요.

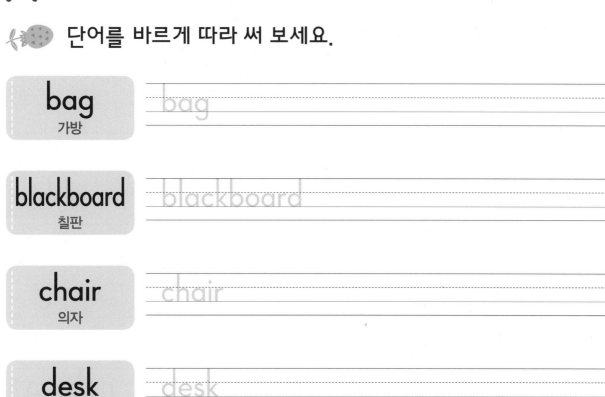

① b　g　　② blackb　　rd

③ 　　air　　④ d　sk

⑤ cla　sro　m

금 Friday

영단어를 듣고 받아써 보세요. Track 20

1

2

3

4

5

6

7

8

9

10

틀린 단어를 써 보세요.

 빈칸에 알맞은 단어를 넣어 퍼즐을 완성해 보세요.

가로 힌트

① 교실　② 학생　④ 무리, 그룹
⑤ 연필　⑧ 질문　⑨ 읽다
⑪ 지우개　⑭ 배우다

세로 힌트

① 의자
② 공부하다
③ 선생님
④ 풀
⑥ 듣다
⑦ 쓰다
⑩ 책상
⑫ 학교
⑬ 자

p

⑧q

e

 이번 주에 배울 영단어를 듣고 따라 말해 보세요.

shop

balloon

box

buy

close

cheap

come

expensive

flag

money

need

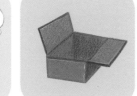

open

picture

present

price

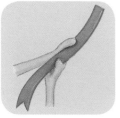

pull

push

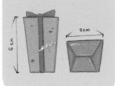

size

thanks

want

 단어를 바르게 따라 써 보세요.

shop
가게

shop

balloon
풍선

balloon

box
상자

box

buy
사다

buy

close
닫다

close

다음 사진을 보고 알맞은 단어를 써 보세요.

①

②

③

 단어를 바르게 따라 써 보세요.

cheap (값이) 싼	cheap
come 오다	come
expensive 비싼	expensive
flag 깃발	flag
money 돈	money

 빈칸을 채워서 단어를 완성해 보세요.

① c　e　p

② com

③ e　pensi　e

④ 　lag

⑤ 　on　y

 단어를 바르게 따라 써 보세요.

need 필요하다	need
open 열다	open
picture 그림	picture
present 선물	present
price 가격	price

 다음 알파벳을 순서대로 배열해 단어를 완성해 보세요.

① **pnoe** →

② **tnresep** →

③ **iprce** →

목 Thursday

 단어를 바르게 따라 써 보세요.

pull 당기다	pull
push 밀다	push
size 크기	size
thanks 고마워	thanks
want 원하다	want

영단어와 단어의 뜻을 선으로 연결해 보세요.

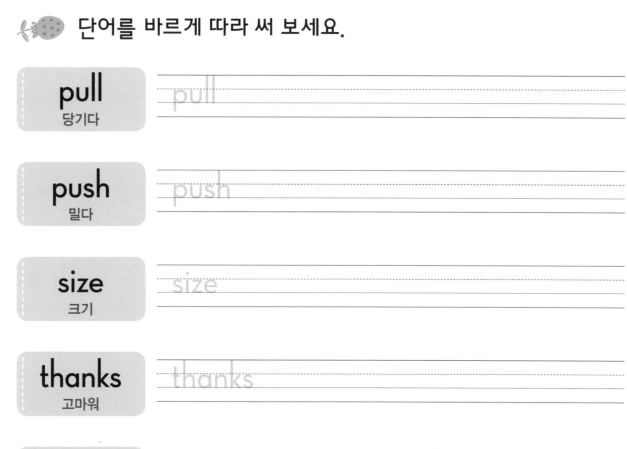

① pull •   • 고마워

② push •   • 원하다

③ thanks •   • 밀다

④ want •   • 당기다

금 Friday

영단어를 듣고 받아써 보세요. Track 22

1 _____

2 _____

3 _____

4 _____

5 _____

6 _____

7 _____

8 _____

9 _____

10 _____

틀린 단어를 써 보세요.

다음 알파벳을 순서대로 배열하여, 빈칸에 단어를 완성하세요.

pohs

peicr
5

prtesne
6

caeph

nawt
7

eomc

tksahn

husp
1

uyb b u y

lulp

dene

eopn

xbo

coesl
4

gafl

zeis
3

cepurit
2

insexpeev

loonbal

noyem

각 번호에 맞는 알파벳을 채워 넣어, 빈칸을 완성하세요.

1	2	3	4	5	6	7

Sport & Hobby
운동과 취미

basketball

start

swim

dive

run

play

throw

win

3 VS 1

team

like

tennis

hobby

soccer

kick

can

hit

catch

paint

baseball

이번 주에 배울 영단어를 듣고 따라 말해 보세요.

sport

baseball

basketball

catch

dive

kick

run

soccer

swim

team

tennis

throw

hit

hobby

can

paint

like

play

start

win

 단어를 바르게 따라 써 보세요.

sport
운동

sport

baseball
야구

baseball

basketball
농구

basketball

catch
잡다

catch

dive
다이빙하다

dive

  다음 사진을 보고 알맞은 단어를 써 보세요.

①

②

③

 단어를 바르게 따라 써 보세요.

kick
(발로) 차다

kick

run
달리다

run

soccer
축구

soccer

swim
수영하다

swim

team
팀, 단체

team

빈칸에 알맞은 단어를 써 보세요.

① **I like** ☐☐☐☐☐☐ .

나는 축구를 좋아해요.

② **I can't** ☐☐☐☐ .

나는 수영을 못해요.

 단어를 바르게 따라 써 보세요.

tennis
테니스

tennis

throw
던지다

throw

hit
치다

hit

hobby
취미

hobby

can
할 수 있다

can

 다음 알파벳을 순서대로 배열해 단어를 완성해 보세요.

① **sninet** →

② **rowth** →

③ **yhbob** →

 단어를 바르게 따라 써 보세요.

paint
(물감으로) 그리다

paint

like
좋아하다

like

play
놀다, 경기하다

play

start
시작하다

start

win
이기다

win

 영단어와 단어의 뜻을 선으로 연결해 보세요.

① **paint** •   • 이기다

② **like** •   • 좋아하다

③ **play** •   • 놀다, 경기하다

④ **win** •   • (물감으로) 그리다

금 Friday

 영단어를 듣고 받아써 보세요. 🎧 Track 24

① _____

② _____

③ _____

④ _____

⑤ _____

⑥ _____

⑦ _____

⑧ _____

⑨ _____

⑩ _____

✺ 틀린 단어를 써 보세요.

 다음 단어를 모두 찾아 동그라미해 보세요.

a	u	s	h	k	k	b	z	y	a	l	p	o
y	v	i	o	h	w	a	r	a	l	k	x	f
d	t	g	b	c	x	s	t	a	r	t	p	e
o	h	m	b	i	c	k	b	u	v	u	a	c
v	x	c	y	t	t	e	n	n	i	s	i	q
s	n	q	t	o	s	t	r	o	p	s	n	n
k	i	c	k	a	e	b	h	m	a	w	t	f
y	c	c	b	v	c	a	z	r	t	e	a	m
o	a	w	i	n	l	l	m	r	o	n	y	l
e	n	d	e	k	i	l	n	m	i	w	s	x

sport	baseball	basketball	catch	dive
kick	run	soccer	swim	team
tennis	throw	hit	hobby	can
paint	like	play	start	win

Town 마을

hospital

bank

theater

nurse

musician

drive

doctor

library

bridge

car

restaurant

lake

go

park

street

stop

walk

police

station

subway

 이번 주에 배울 영단어를 듣고 따라 말해 보세요.

bank

library

restaurant

theater

hospital

doctor

nurse

musician

police

bridge

lake

park

street

station

subway

car

drive

go

stop

walk

 단어를 바르게 따라 써 보세요.

bank
은행

bank

library
도서관

library

restaurant
식당

restaurant

theater
극장

theater

hospital
병원

hospital

 빈칸을 채워서 단어를 완성해 보세요.

① ⬛⬛nk   ② li⬛⬛⬛ry

③ rest⬛⬛ran⬛   ④ th⬛⬛ter

⑤ h⬛spit⬛l

 단어를 바르게 따라 써 보세요.

doctor
의사

doctor

nurse
간호사

nurse

musician
음악가

musician

police
경찰

police

bridge
다리

bridge

다음 알파벳을 순서대로 배열해 단어를 완성해 보세요.

① **gedirb** →

② **runes** →

③ **cisianmu** →

 단어를 바르게 따라 써 보세요.

lake
호수

lake

park
공원

park

street
거리

street

station
역

station

subway
지하철

subway

 다음 사진을 보고 알맞은 단어를 써 보세요.

①

②

③

 단어를 바르게 따라 써 보세요.

car
자동차

car

drive
운전하다

drive

go
가다

go

stop
멈추다

stop

walk
걷다

walk

 신호등 색깔이 나타내는 단어를 써 보세요.

①

②

금 Friday

영단어를 듣고 받아써 보세요. Track 26

1

2

3

4

5

6

7

8

9

10

틀린 단어를 써 보세요.

 빈칸에 알맞은 단어를 넣어 퍼즐을 완성해 보세요.

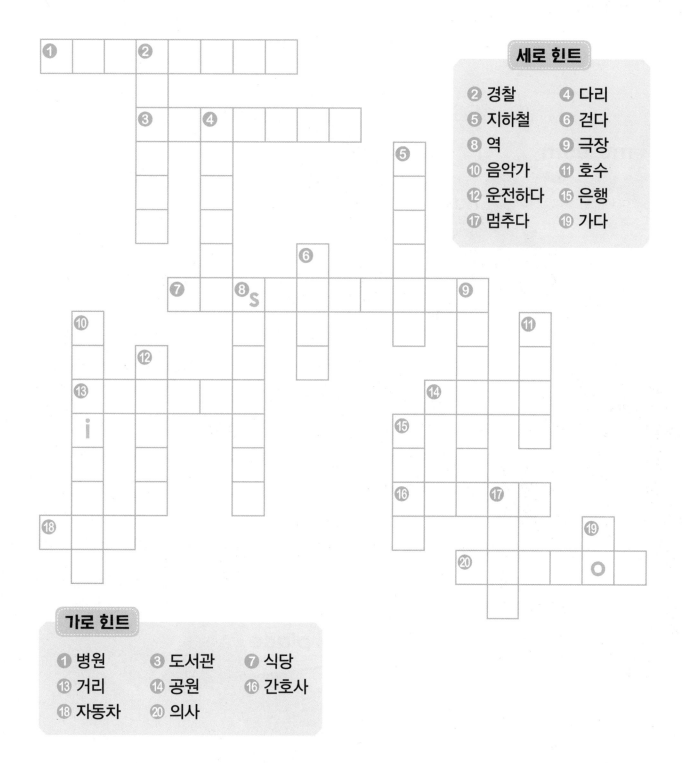

세로 힌트

② 경찰   ④ 다리
⑤ 지하철   ⑥ 걷다
⑧ 역   ⑨ 극장
⑩ 음악가   ⑪ 호수
⑫ 운전하다   ⑮ 은행
⑰ 멈추다   ⑲ 가다

가로 힌트

① 병원   ③ 도서관   ⑦ 식당
⑬ 거리   ⑭ 공원   ⑯ 간호사
⑱ 자동차   ⑳ 의사

Travel 여행

world

airplane

airport

country

gate   visit

museum

ride

bike

boat

relax

photograph

beach

sea

ship

camera

lady

gentleman

place

map

 이번 주에 배울 영단어를 듣고 따라 말해 보세요.

world

country

map

airport

airplane

gentleman

lady

camera

photograph

place

gate

museum

visit

bike

ride

sea

beach

relax

boat

ship

 단어를 바르게 따라 써 보세요.

world
세계

world

country
나라

country

map
지도

map

airport
공항

airport

airplane
비행기

airplane

영단어와 단어의 뜻을 선으로 연결해 보세요.

① **country** •   • 지도

② **airport** •   • 세계

③ **world** •   • 나라

④ **map** •   • 공항

 단어를 바르게 따라 써 보세요.

gentleman 신사	gentleman
lady 숙녀	lady
camera 카메라	camera
photograph 사진	photograph
place 장소	place

 빈칸을 채워서 단어를 완성해 보세요.

① ge   t   man   ② l   y

③   a   e   a   ④ ph   og   aph

⑤ p   a   e

 단어를 바르게 따라 써 보세요.

gate
문, 출입구

gate

museum
박물관

museum

visit
방문하다

visit

bike
자전거, 오토바이

bike

ride
타다

ride

 다음 알파벳을 순서대로 배열해 단어를 완성해 보세요.

① **meuums** →

② **itvis** →

③ **keib** →

 단어를 바르게 따라 써 보세요.

sea 바다	sea
beach 해변	beach
relax 휴식을 취하다	relax
boat (작은) 배	boat
ship (큰) 배	ship

  다음 사진을 보고 알맞은 단어를 써 보세요.

①

②

③

금 Friday

영단어를 듣고 받아써 보세요. Track 28

① _____

② _____

③ _____

④ _____

⑤ _____

⑥ _____

⑦ _____

⑧ _____

⑨ _____

⑩ _____

틀린 단어를 써 보세요.

다음 알파벳을 순서대로 배열하여, 빈칸에 단어를 완성하세요.

rwdol ▢▢▢▢▢
　　　　1

pam ▢▢▢

cyrnout ▢▢▢▢▢▢▢
　　　　　　7

rirtoap ▢▢▢▢▢▢▢
　　　　　2

relanapi ▢▢▢▢▢▢▢▢
　　　　　11

negtanmle ▢▢▢▢▢▢▢▢▢

dyla ▢▢▢▢
　　　5

arceam ▢▢▢▢▢▢

gaohphtrpo ▢▢▢▢▢▢▢▢▢▢
　　　　　　　3

leapc ▢▢▢▢▢

egta ▢▢▢▢
　　　8

muemus ▢▢▢▢▢▢

siitv ▢▢▢▢▢
　　9

biek ▢▢▢▢

redi ▢▢▢▢

sae | s | e | a |
　　　　10

hebca ▢▢▢▢▢

larxe ▢▢▢▢▢
　　　4

tbao ▢▢▢▢
　　　6

sihp ▢▢▢▢

각 번호에 맞는 알파벳을 채워 넣어, 빈칸을 완성하세요.

▢▢▢▢▢　　▢▢▢▢▢▢
1　2　3　4　5　　6　7　8　9　10　11

119

week 15

Weather & Season
날씨와 계절

cloudy

sun

rainy

rainbow

flower

warm

umbrella

hot

fan

spring

summer

sky

snow

windy

cold

cool

leaf

fall

winter

 이번 주에 배울 영단어를 듣고 따라 말해 보세요.

weather

spring

flower

sun

warm

summer

cloudy

rainy

umbrella

rainbow

hot

fan

fall

leaf

cool

windy

winter

sky

snow

cold

월 Monday

 단어를 바르게 따라 써 보세요.

weather 날씨	weather
spring 봄	spring
flower 꽃	flower
sun 해	sun
warm 따뜻한	warm

 빈칸을 채워서 단어를 완성해 보세요.

① w⬛⬛ther   ② s⬛ri⬛g

③ ⬛lo⬛er   ④ s⬛n

⑤ w⬛⬛m

화 Tuesday

 단어를 바르게 따라 써 보세요.

summer 여름	summer
cloudy 구름이 낀	cloudy
rainy 비가 오는	rainy
umbrella 우산	umbrella
rainbow 무지개	rainbow

 다음 사진을 보고 알맞은 단어를 써 보세요.

①

②

③

 단어를 바르게 따라 써 보세요.

hot 더운	hot
fan 선풍기, 부채	fan
fall 가을	fall
leaf 나뭇잎	leaf
cool 시원한	cool

 영단어와 단어의 뜻을 선으로 연결해 보세요.

① **cool** •   • 더운

② **hot** •   • 시원한

③ **leaf** •   • 가을

④ **fall** •   • 나뭇잎

 단어를 바르게 따라 써 보세요.

windy
바람이 부는

windy

winter
겨울

winter

sky
하늘

sky

snow
눈

snow

cold
추운

cold

 다음 사진을 보고 알맞은 단어를 써 보세요.

①

②

③

금 Friday

🌰 영단어를 듣고 받아써 보세요. 🎧 Track 30

① _____

② _____

③ _____

④ _____

⑤ _____

⑥ _____

⑦ _____

⑧ _____

⑨ _____

⑩ _____

🌼 틀린 단어를 써 보세요.

 다음 단어를 모두 찾아 동그라미해 보세요.

c	j	w	j	b	z	t	w	r	u	k	l	q	o
t	k	k	a	m	b	n	e	o	m	f	s	s	n
s	i	a	y	r	i	m	a	q	b	s	g	c	m
u	e	e	b	k	m	b	t	r	r	n	o	y	t
n	w	f	k	u	s	w	h	c	e	o	i	f	g
h	e	i	s	p	i	p	e	a	l	w	r	a	x
u	h	w	i	n	t	e	r	f	l	o	w	e	r
c	o	l	d	a	i	y	n	i	a	r	u	l	h
m	t	y	p	f	r	j	w	i	n	l	s	d	m
f	q	h	e	w	a	g	e	h	q	g	l	z	y

weather	spring	flower	sun	warm
summer	cloudy	rainy	umbrella	rainbow
hot	fan	fall	leaf	cool
windy	winter	sky	snow	cold

월 Monday

빈칸을 채워서 단어를 완성해 보세요.

① a n i mal   ② b e a r   ③ b i r d

④ c a t   ⑤ c o w

화 Tuesday

다음 사진을 보고 알맞은 단어를 써 보세요.

① deer   ② duck   ③ elephant

수 Wednesday

빈칸에 알맞은 단어를 써 보세요.

① a big f r o g
큰 개구리

② I like g i r a f f e .
나는 기린을 좋아해요.

목 Thursday

다음 알파벳을 순서대로 배열해 단어를 완성해 보세요.

① btbira → rabbit
② ephse → sheep
③ regti → tiger

금 Friday

영단어를 듣고 받아써 보세요.

① animal   ⑥ frog
② bear   ⑦ horse
③ cow   ⑧ lion
④ duck   ⑨ sheep
⑤ elephant   ⑩ tiger

다음 단어를 모두 찾아 동그라미해 보세요.

월 Monday

빈칸을 채워서 단어를 완성해 보세요.

① b o d y   ② he a d   ③ h a i r

④ f a c e   ⑤ e y e

화 Tuesday

다음 사진을 보고 알맞은 단어를 써 보세요.

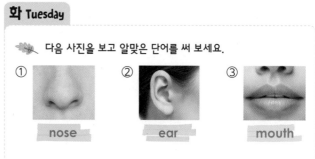

① nose   ② ear   ③ mouth

수 Wednesday

다음 그림의 아이가 손으로 가리키는 곳을 써 보세요.

① neck   ② shoulder   ③ arm

목 Thursday

영단어와 단어의 뜻을 선으로 연결해 보세요.

① chest • — • 무릎
② back • — • 다리
③ leg • — • 등
④ knee • — • 가슴

금 Friday

영단어를 듣고 받아써 보세요.

❶ body   ❻ shoulder

❷ head   ❼ arm

❸ face   ❽ finger

❹ nose   ❾ chest

❺ mouth   ❿ leg

빈칸에 알맞은 단어를 넣어 퍼즐을 완성해 보세요.

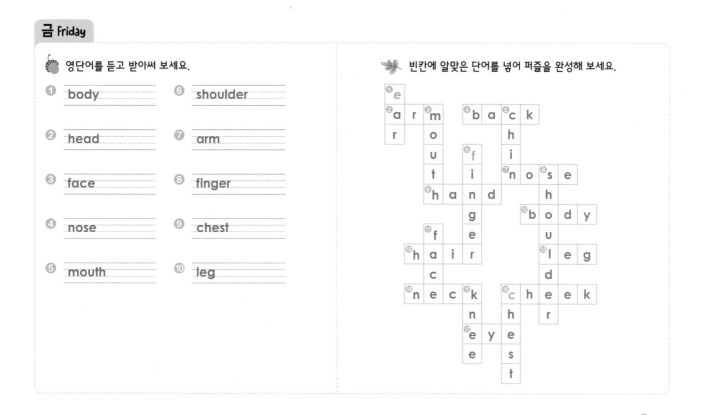

월 Monday

빈칸을 채워서 단어를 완성해 보세요.

① January ② February

③ March ④ April ⑤ May

화 Tuesday

영단어와 단어의 뜻을 선으로 연결해 보세요.

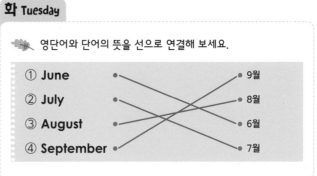

① June ● ● 9월
② July ● ● 8월
③ August ● ● 6월
④ September ● ● 7월

수 Wednesday

다음 알파벳을 순서대로 배열해 단어를 완성해 보세요.

① berNovem → November
② Sdayun → Sunday
③ esTuyad → Tuesday

목 Thursday

빈칸에 알맞은 단어를 써 보세요.

① I like S a t u r d a y .
나는 토요일을 좋아해요.

② Happy w e e k e n d
행복한 주말

금 Friday

영단어를 듣고 받아써 보세요.

❶ January
❷ March
❸ April
❹ July
❺ October

❻ December
❼ Monday
❽ Wednesday
❾ Friday
❿ weekend

다음 알파벳을 순서대로 배열하여, 빈칸에 단어를 완성하세요.

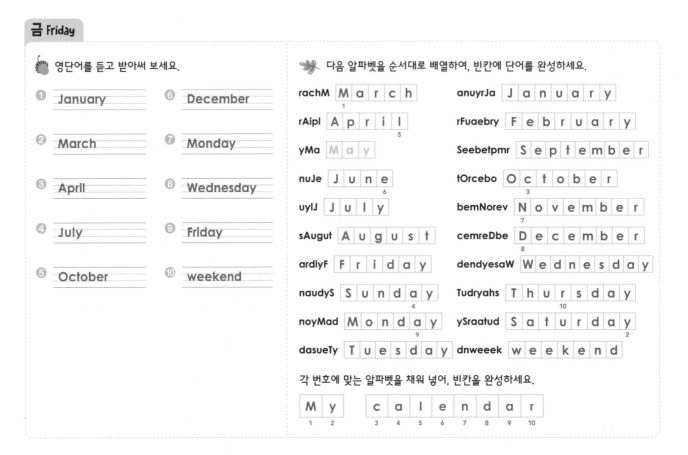

rachM M a r c h
1

anuyrJa J a n u a r y

rAipl A p r i l
5

rFuaebry F e b r u a r y

yMa M a y

Seebetpmr S e p t e m b e r

nuJe J u n e
6

tOrcebo O c t o b e r
3

uylJ J u l y

bemNorev N o v e m b e r
7

sAugut A u g u s t

cemreDbe D e c e m b e r
8

ardiyF F r i d a y

dendyesaW W e d n e s d a y

naudyS S u n d a y
4

Tudryahs T h u r s d a y
10

noyMad M o n d a y
9

ySraatud S a t u r d a y
2

dasueTy T u e s d a y

dnweeek w e e k e n d

각 번호에 맞는 알파벳을 채워 넣어, 빈칸을 완성하세요.

M y c a l e n d a r
1 2 3 4 5 6 7 8 9 10

week 04 Color & Clothes 색깔과 옷

월 Monday

🍂 다음 사진을 보고 알맞은 단어를 써 보세요.

① black ② brown ③ green

화 Tuesday

🍂 영단어와 단어의 뜻을 선으로 연결해 보세요.

① pink · · 노란색
② purple · · 보라색
③ white · · 분홍색
④ yellow · · 흰색

수 Wednesday

🍂 다음 알파벳을 순서대로 배열해 단어를 완성해 보세요.

① tholcse → clothes
② btel → belt
③ glevos → gloves

목 Thursday

🍂 다음 그림에 알맞은 색깔을 칠해 보세요.

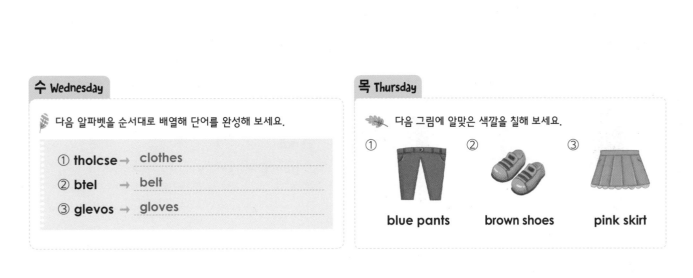

① blue pants ② brown shoes ③ pink skirt

금 Friday

🍂 영단어를 듣고 받아써 보세요.

① blue
② green
③ pink
④ white
⑤ yellow
⑥ clothes
⑦ cap
⑧ pants
⑨ shoes
⑩ skirt

🍂 다음 단어를 모두 찾아 동그라미해 보세요.

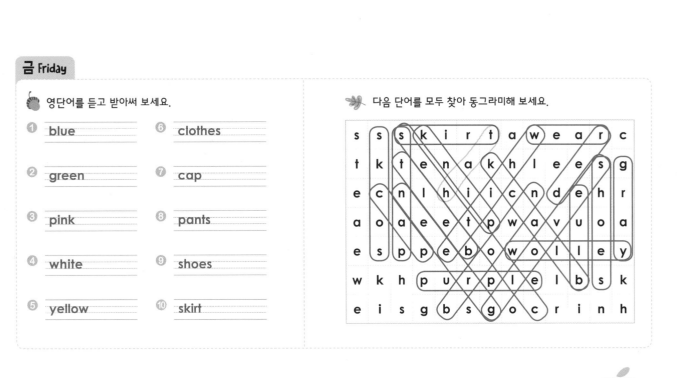

s	s	s	k	i	r	t	a	w	e	a	r	c
t	k	t	e	n	a	k	h	l	e	e	s	g
e	c	n	l	h	i	i	c	n	d	e	h	r
a	o	a	e	e	t	p	w	a	v	u	o	a
e	s	p	p	e	b	o	w	o	l	l	e	y
w	k	h	p	u	r	p	l	e	l	b	s	k
e	i	s	g	b	s	g	o	c	r	i	n	h

133

월 Monday

빈칸을 채워서 단어를 완성해 보세요.

① f a m i l y   ② g r a n d p a

③ g r a n d m a   ④ f a t h e r

⑤ m o t h e r

화 Tuesday

영단어와 단어의 뜻을 선으로 연결해 보세요.

① uncle • ——————————— • 삼촌
② wife •   • 남편
③ aunt •   • 고모, 이모
④ husband •   • 아내

수 Wednesday

다음 사진을 보고 알맞은 단어를 써 보세요.

①
parents

② brother

③ sister

목 Thursday

다음 알파벳을 순서대로 배열해 단어를 완성해 보세요.

① ega → age
② odl → old
③ gunyo → young

금 Friday

영단어를 듣고 받아써 보세요.

❶ family   ❻ son

❷ grandma   ❼ brother

❸ uncle   ❽ sister

❹ cousin   ❾ old

❺ wife   ❿ young

빈칸에 알맞은 단어를 넣어 퍼즐을 완성해 보세요.

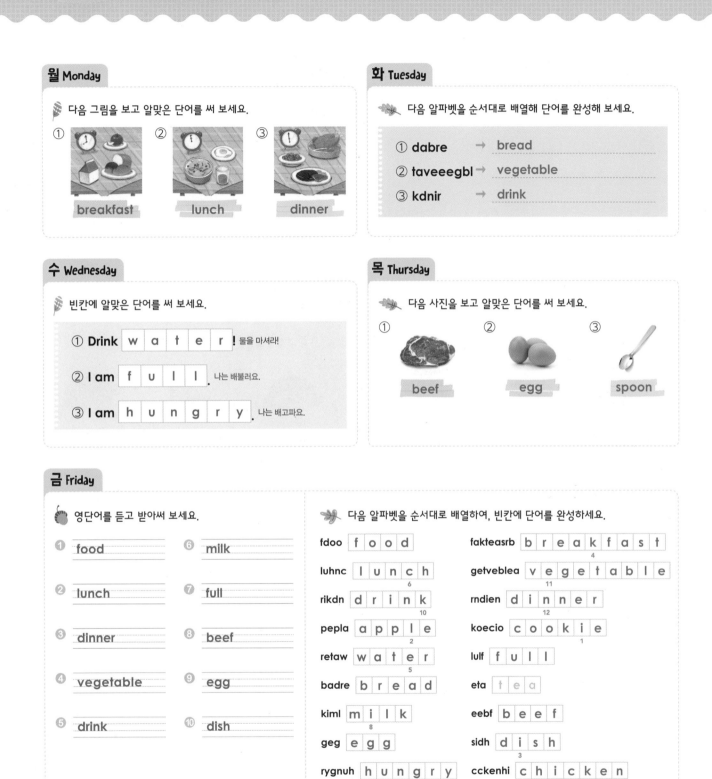

월 Monday

🌱 다음 그림을 보고 알맞은 단어를 써 보세요.

① breakfast ② lunch ③ dinner

화 Tuesday

🌿 다음 알파벳을 순서대로 배열해 단어를 완성해 보세요.

① dabre → bread
② taveeegbl → vegetable
③ kdnir → drink

수 Wednesday

🌱 빈칸에 알맞은 단어를 써 보세요.

① Drink w a t e r ! 물을 마셔라!
② I am f u l l 나는 배불러요.
③ I am h u n g r y 나는 배고파요.

목 Thursday

🌿 다음 사진을 보고 알맞은 단어를 써 보세요.

① beef ② egg ③ spoon

금 Friday

🌰 영단어를 듣고 받아써 보세요.

❶ food   ❻ milk
❷ lunch   ❼ full
❸ dinner   ❽ beef
❹ vegetable ❾ egg
❺ drink   ❿ dish

🌿 다음 알파벳을 순서대로 배열하여, 빈칸에 단어를 완성하세요.

fdoo   f o o d
luhnc   l u n c h   (6)
rikdn   d r i n k   (10)
pepla   a p p l e   (2)
retaw   w a t e r   (5)
badre   b r e a d
kiml   m i l k   (8)
geg   e g g
rygnuh h u n g r y   (7)
tae   e a t

fakteasrb   b r e a k f a s t   (4)
getveblea   v e g e t a b l e   (11)
rndien   d i n n e r   (12)
koecio   c o o k i e   (1)
lulf   f u l l
eta   t e a
eebf   b e e f
sidh   d i s h   (3)
cckenhi   c h i c k e n   (9)
nospo   s p o o n

각 번호에 맞는 알파벳을 채워 넣어, 빈칸을 완성하세요.

I   l i k e   c h i c k e n
1   2 3 4 5   6 7 8 9 10 11 12

week 07 Friend & Feeling 친구와 감정

월 Monday

빈칸에 들어갈 알파벳을 순서대로 연결하여 단어를 만들어 보세요.

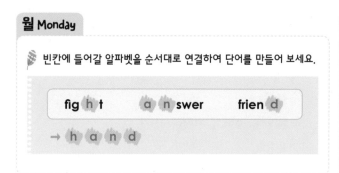

fig h t   a n swer   frien d

→ h a n d

화 Tuesday

빈칸을 채워서 단어를 완성해 보세요.

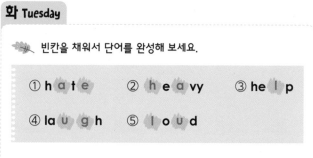

① h a t e   ② h e a vy   ③ he l p

④ la u g h   ⑤ l o u d

수 Wednesday

영단어와 단어의 뜻을 선으로 연결해 보세요.

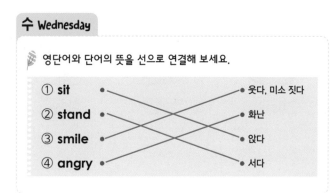

① sit
② stand
③ smile
④ angry

웃다, 미소 짓다
화난
앉다
서다

목 Thursday

다음 그림에 알맞은 표정을 그려 보세요.

① ② ③

happy   sad   scared

금 Friday

영단어를 듣고 받아써 보세요.

① friend
② answer
③ cry
④ heavy
⑤ laugh
⑥ loud
⑦ party
⑧ smile
⑨ happy
⑩ scared

다음 단어를 모두 찾아 동그라미해 보세요.

월 Monday

빈칸을 채워서 단어를 완성해 보세요.

① h o u se   ② r o o f

③ b e d room   ④ do l l

⑤ ki t c h en

화 Tuesday

서로 관련 있는 것끼리 선으로 연결해 보세요.

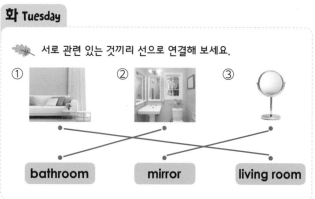

① ② ③

bathroom   mirror   living room

수 Wednesday

다음 사진을 보고 알맞은 단어를 써 보세요.

① ② ③

window   door   stair

목 Thursday

다음 알파벳을 순서대로 배열해 단어를 완성해 보세요.

① sdseard → address
② gsasr → grass
③ radnge → garden

금 Friday

영단어를 듣고 받아써 보세요.

① house   ⑥ living room

② roof   ⑦ stair

③ bedroom   ⑧ window

④ floor   ⑨ address

⑤ kitchen   ⑩ garden

빈칸에 알맞은 단어를 넣어 퍼즐을 완성해 보세요.

Crossword:
- ① key / r
- i / o
- ③ bathroom
- c / f
- h / ④ l
- ⑤ a / e / ⑥ window
- ⑦ garden / v
- d / ⑧ mirror
- ⑨ door / n
- o / e / ⑩ t / ⑪ grass ⑫
- l / ⑬ sofa / r / t
- l / s / b / o / ⑭ mail
- ⑮ floor / i
- e / m / ⑯ tree

월 Monday

다음 알파벳을 순서대로 배열해 단어를 완성해 보세요.

① mebrun → number
② neo → one
③ wot → two

화 Tuesday

빈칸에 알맞은 단어를 써 보세요.

① one + four = five
② two + four = six
③ seven – three = four

수 Wednesday

다음 그림을 보고 알맞은 단어를 써 보세요.

①   ②   ③

ten   eleven   twelve

목 Thursday

빈칸을 채워서 단어를 완성해 보세요.

① f i r st   ② s e c o n d
③ t h ird   ④ l a s t
⑤ h u nd r e d

금 Friday

영단어를 듣고 받아써 보세요.

❶ number   ❻ eleven
❷ three   ❼ twelve
❸ five   ❽ zero
❹ eight   ❾ second
❺ nine   ❿ hundred

다음 알파벳을 순서대로 배열하여, 빈칸에 단어를 완성하세요.

mebnur n u m b e r   net t e n
              3 4
neo o n e   eenelv e l e v e n
         5
tow t w o   levwet t w e l v e
reeth t h r e e   okccl c l o c k
            6   7
fuor f o u r   erzo z e r o
veif f i v e   firts f i r s t
            9
xis s i x   ceonds s e c o n d
                                          8
evsen s e v e n   dihrt t h i r d
              1
geiht e i g h t   salt l a s t
nein n i n e   rendudh h u n d r e d
                                          2

각 번호에 맞는 알파벳을 채워 넣어, 빈칸을 완성하세요.

n u m b e r   o n e
1 2 3 4 5 6   7 8 9

월 Monday

영단어와 단어의 뜻을 선으로 연결해 보세요.

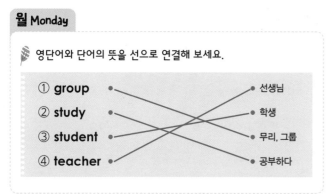

① group ● ● 선생님
② study ● ● 학생
③ student ● ● 무리, 그룹
④ teacher ● ● 공부하다

화 Tuesday

다음 사진을 보고 알맞은 단어를 써 보세요.

① read ② listen ③ write

수 Wednesday

다음 그림을 보고 알맞은 단어를 써 보세요.

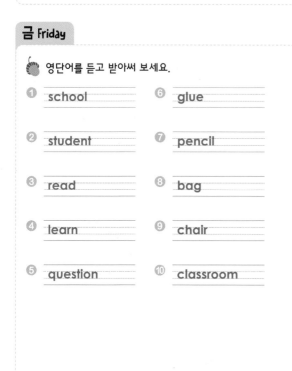

① glue ② ruler
③ pencil ④ book
⑤ eraser

목 Thursday

빈칸을 채워서 단어를 완성해 보세요.

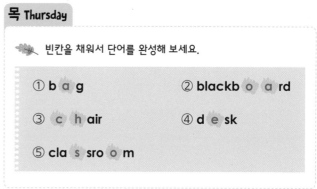

① b a g ② blackb o a rd
③ c h air ④ d e sk
⑤ cla s sro o m

금 Friday

영단어를 듣고 받아써 보세요.

❶ school ❻ glue
❷ student ❼ pencil
❸ read ❽ bag
❹ learn ❾ chair
❺ question ❿ classroom

빈칸에 알맞은 단어를 넣어 퍼즐을 완성해 보세요.

월 Monday

다음 사진을 보고 알맞은 단어를 써 보세요.

①  shop   ② balloon   ③ box

화 Tuesday

빈칸을 채워서 단어를 완성해 보세요.

① c h e a p   ② com e

③ e x pensi v e   ④ f lag

⑤ m on e y

수 Wednesday

다음 알파벳을 순서대로 배열해 단어를 완성해 보세요.

① pnoe → open
② tnresep → present
③ iprce → price

목 Thursday

영단어와 단어의 뜻을 선으로 연결해 보세요.

① pull   • 고마워
② push   • 원하다
③ thanks • 밀다
④ want   • 당기다

금 Friday

영단어를 듣고 받아써 보세요.

① shop   ⑥ open
② buy   ⑦ present
③ cheap   ⑧ price
④ flag   ⑨ push
⑤ money   ⑩ want

다음 알파벳을 순서대로 배열하여, 빈칸에 단어를 완성하세요.

pohs	s h o p	
prtesne	p r e s e n t (6)	
nawt	w a n t (7)	
tksahn	t h a n k s	
uyb	b u y	
dene	n e e d	
xbo	b o x	
gafl	f l a g	
cepurit	p i c t u r e (2)	
loonbal	b a l l o o n	

peicr	p r i c e (5)	
caeph	c h e a p	
eomc	c o m e	
husp	p u s h (1)	
lulp	p u l l	
eopn	o p e n	
coesl	c l o s e (4)	
zeis	s i z e (3)	
insexpeev	e x p e n s i v e	
noyem	m o n e y	

각 번호에 맞는 알파벳을 채워 넣어, 빈칸을 완성하세요.

p	r	e	s	e	n	t
1	2	3	4	5	6	7

week 12 Sport & Hobby 운동과 취미

월 Monday

다음 사진을 보고 알맞은 단어를 써 보세요.

① baseball   ② basketball   ③ dive

화 Tuesday

빈칸에 알맞은 단어를 써 보세요.

① I like [s][o][c][c][e][r].
나는 축구를 좋아해요.

② I can't [s][w][i][m].
나는 수영을 못해요.

수 Wednesday

다음 알파벳을 순서대로 배열해 단어를 완성해 보세요.

① sninet → tennis
② rowth → throw
③ yhbob → hobby

목 Thursday

영단어와 단어의 뜻을 선으로 연결해 보세요.

① paint •   • 이기다
② like •   • 좋아하다
③ play •   • 놀다, 경기하다
④ win •   • (물감으로) 그리다

금 Friday

영단어를 듣고 받아써 보세요.

① sport
② basketball
③ kick
④ soccer
⑤ tennis
⑥ throw
⑦ hobby
⑧ like
⑨ play
⑩ start

다음 단어를 모두 찾아 동그라미해 보세요.

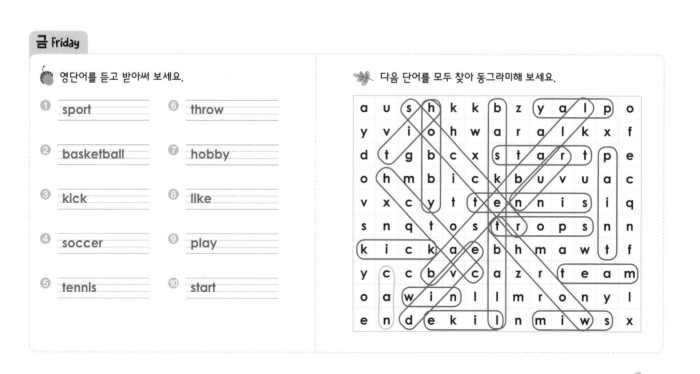

월 Monday

빈칸을 채워서 단어를 완성해 보세요.

① b a nk ② li b r a ry

③ rest a u ran t ④ th e a ter

⑤ h o spit a l

화 Tuesday

다음 알파벳을 순서대로 배열해 단어를 완성해 보세요.

① gedirb → bridge

② runes → nurse

③ cisianmu → musician

수 Wednesday

다음 사진을 보고 알맞은 단어를 써 보세요.

① park ② street ③ subway

목 Thursday

신호등 색깔이 나타내는 단어를 써 보세요.

① s t o p ② g o

금 Friday

영단어를 듣고 받아써 보세요.

1 bank 6 park

2 library 7 street

3 hospital 8 subway

4 police 9 drive

5 bridge 10 walk

빈칸에 알맞은 단어를 넣어 퍼즐을 완성해 보세요.

142

월 Monday

영단어와 단어의 뜻을 선으로 연결해 보세요.

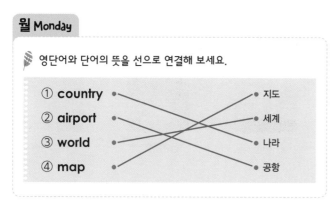

① country • • 지도
② airport • • 세계
③ world • • 나라
④ map • • 공항

화 Tuesday

빈칸을 채워서 단어를 완성해 보세요.

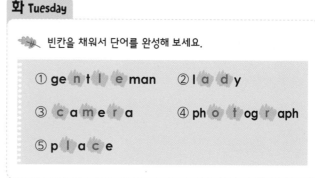

① g e n t l e man   ② l a d y
③ c a m e r a   ④ ph o t og r aph
⑤ p l a c e

수 Wednesday

다음 알파벳을 순서대로 배열해 단어를 완성해 보세요.

① meuums → museum
② itvis → visit
③ keib → bike

목 Thursday

다음 사진을 보고 알맞은 단어를 써 보세요.

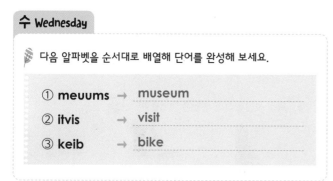

① beach   ② boat   ③ ship

금 Friday

영단어를 듣고 받아써 보세요.

1 world
2 map
3 airport
4 camera
5 place
6 museum
7 ride
8 beach
9 relax
10 ship

다음 알파벳을 순서대로 배열하여, 빈칸에 단어를 완성하세요.

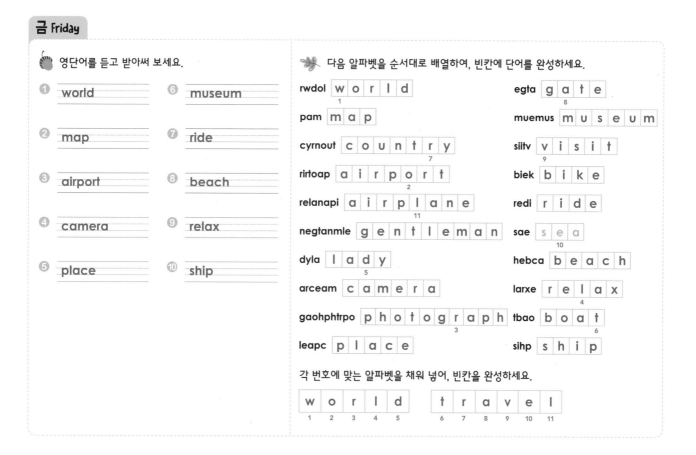

rwdol	w o r l d (1)	egta	g a t e (8)
pam	m a p	muemus	m u s e u m
cyrnout	c o u n t r y (7)	siitv	v i s i t (9)
rirtoap	a i r p o r t (2)	biek	b i k e
relanapi	a i r p l a n e (11)	redi	r i d e
negtanmle	g e n t l e m a n	sae	s e a (10)
dyla	l a d y (5)	hebca	b e a c h
arceam	c a m e r a	larxe	r e l a x (4)
gaohphtrpo	p h o t o g r a p h (3)	tbao	b o a t (6)
leapc	p l a c e	sihp	s h i p

각 번호에 맞는 알파벳을 채워 넣어, 빈칸을 완성하세요.

| w | o | r | l | d | | t | r | a | v | e | l |
| 1 | 2 | 3 | 4 | 5 | | 6 | 7 | 8 | 9 | 10 | 11 |

월 Monday

빈칸을 채워서 단어를 완성해 보세요.

① w e a ther　　② s p r i n g

③ f lo w er　　④ s u n

⑤ w a r m

화 Tuesday

다음 사진을 보고 알맞은 단어를 써 보세요.

①  cloudy　② rainy　③ rainbow

수 Wednesday

영단어와 단어의 뜻을 선으로 연결해 보세요.

① cool ● ● 더운
② hot ● ● 시원한
③ leaf ● ● 가을
④ fall ● ● 나뭇잎

목 Thursday

다음 사진을 보고 알맞은 단어를 써 보세요.

①  windy　② snow　③ cold

금 Friday

영단어를 듣고 받아써 보세요.

1 weather　6 hot
2 spring　7 fall
3 warm　8 windy
4 summer　9 winter
5 rainy　10 snow

다음 단어를 모두 찾아 동그라미해 보세요.

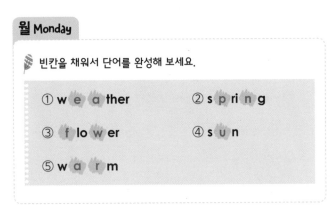
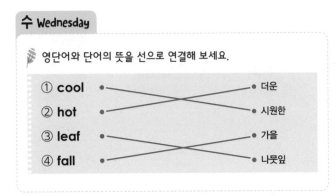
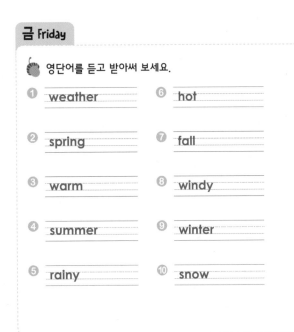